Novena para libertar-se das mágoas e cultivar o perdão

Felipe G. Alves

Novena para libertar-se das mágoas e cultivar o perdão

1ª Reimpressão

EDITORA VOZES

Petrópolis

© 2009, Editora Vozes Ltda.
Rua Frei Luís, 100
25689-900 Petrópolis, RJ
www.vozes.com.br
Brasil

3ª edição, 2013.

Todos os direitos reservados. Nenhuma parte desta obra poderá ser reproduzida ou transmitida por qualquer forma e/ou quaisquer meios (eletrônico ou mecânico, incluindo fotocópia e gravação) ou arquivada em qualquer sistema ou banco de dados sem permissão escrita da editora.

Diretor editorial
Frei Antônio Moser

Editores
Aline dos Santos Carneiro
José Maria da Silva
Lídio Peretti
Marilac Loraine Oleniki

Secretário executivo
João Batista Kreuch

Editoração: Frei Leonardo A.R.T. dos Santos
Projeto gráfico: AG.SR Desenv. Gráfico
Capa: Omar Santos

ISBN 978-85-326-3759-8

Editado conforme o novo acordo ortográfico.

Este livro foi composto e impresso pela Editora Vozes Ltda.

INTRODUÇÃO

Apesar de toda a boa vontade, todos nós somos imperfeitos. Por isso, por querer ou sem querer, ora pisamos nuns, ora somos pisados por outros. No entanto, pisar ou ser pisado produz efeitos bem diferentes: Se você ofende alguém, praticamente, não lhe dói quase nada. Mas, quando alguém o ofende, aquela dor fica, fica, e não é esquecida. É ou não é? E qual o resultado? Surge aquela mágoa (ou ressentimento) que é aquela sensação desagradável que brota do agravo ou da indelicadeza sofrida.

O ódio já é diferente. "O ódio voluntário – como se encontra no Catecismo da Igreja Católica – é contrário à caridade. O ódio ao próximo é um pecado quando o homem quer deliberadamente seu mal". Trata-se de um sentimento de grande antipatia, ou aversão contra alguém, nascida da raiva ou da injúria sofrida. Aquele que odeia não quer perdoar, ao passo que o ressentido diz: "Perdoar? Eu perdoo. Só que esquecer, eu não consigo".

Se o ódio é um pecado que nos afasta de Deus, a mágoa tem mais jeito de problema psicológico, pois a pessoa não quer carregá-la, embora continue carregando. No entanto, mesmo não sendo pecado, que faz um mal muito grande, ah, isso faz.

A mágoa se parece com uma raiz, escondida debaixo da terra, que tem que ser destruída. Caso contrário, ela brota, produzindo frutos venenosos. Durante meses e anos, eles infernizam nossa mente, nossa alma. Até nosso corpo. Como esse veneno consegue desgastar o nosso organismo!

Percebe-se, então, ser a mágoa um caudal de águas poluídas, arrastando junto amarguras, tristezas, angústias, raiva, irritação. Não só. Veja aqui um rol de outras enfermidades que a psicóloga Louise Hay garante serem produzidas, muitas vezes, também pela mágoa: resfriados, hepatite, reumatismo, sinusite, tumores, câncer, fibroma, nódulos e quistos. Além disso, a alegria, bem como a paz de espírito, logo abrem suas asas e, imediatamente, voam para bem longe. Como isso prejudica a gente!

Aqui no Brasil, nasceu um grande santo. Trata-se do Pe. Alderígi, que, em vida e muito mais agora, vinha e vem operando milagres e mais milagres. Quando o povo se acercava dele, para lhe pedir a bênção, ele sempre voltava a insistir na necessidade de perdoar. Este era o refrão que ele sempre repetia cada vez que se dirigia para abençoar os peregrinos: "Sem o perdão, a graça não entra. A raiva, o ódio impedem a ação de Deus". Ele mesmo, quantas vezes não se obrigou a pedir, humildemente, perdão à pessoa, contra a qual ele tinha levantado a voz! Se desejar conhecer mais esse santo brasileiro, procure do mesmo autor os livros: *Alderígi – Gi-*

gante com olhos de criança, ou *Alderígi –
Perfume de Deus em frasco de argila*, ou
Novena *Pedi e recebereis*; os três livros fo-
ram editados pela Editora Vozes.

Então, o que fazer? Só resta um caminho: Perdoar do fundo do coração. Perdoe e você não conseguirá nem medir nem
descrever a infinita paz que surgirá em seu
interior!

Para que isso aconteça é que foi escrita essa novena. Ela levará você até a
amar quem o feriu e assim você será, novamente, herdeiro da bênção. Jesus é o
Príncipe da paz e Ele acompanhará você
durante estes nove dias, repletos de luzes
e de graças. Durante essa novena, você
vai ouvir, dia por dia, suas palavras, chei-
as de unção: "Deixo-lhes a paz, eu lhes
dou a minha paz. Não como o mundo a
dá, eu lha dou. Não se perturbe o seu coração nem se intimide" (Jo 14,27).

1º DIA – SEM O NOSSO PERDÃO, DEUS NÃO NOS PERDOA

 1. Oração inicial (veja no início da novena)

2. A Sabedoria de Deus sussurra em meu coração

"Perdoe ao próximo a injustiça cometida; então, quando rezar, seus pecados serão perdoados. Se um homem guardar cólera contra outro, como poderá buscar cura no Senhor? Se não tem compaixão de um homem, seu semelhante, como suplicará por suas próprias faltas? Se ele, que é carne, guarda rancor, quem lhe perdoará os pecados?" (Ecl 28,2-5).

Tempo de meditação

Por que é importante perdoar? O que o Senhor quer que eu faça?
(Feche os olhos e medite por certo tempo, procurando descobrir a vontade de Deus para você.)

Minha resposta

"Senhor, fazei-me instrumento de vossa paz. Onde houver ódio, que eu leve o amor; onde houver ofensa, que eu leve o perdão; onde houver discórdia, que eu leve a união".

A Sabedoria sussurra de novo em meu coração

"Quem diz que está na luz e odeia o irmão, ainda está nas trevas. Quem ama o irmão está na luz e não é pedra de tropeço. Quem odeia o irmão está nas trevas; anda nas trevas, sem saber para onde vai, porque as trevas lhe cegaram os olhos" (1Jo 2,9-11).

Tempo de meditação

Onde eu me encontro? Nas trevas ou na luz? O que é que o Senhor quer que eu faça?
(Feche os olhos e medite por certo tempo, procurando descobrir a vontade de Deus para você.)

Minha resposta

Senhor, meus olhos começam a ver melhor porque sua luz brilha em meu coração. Agora eu sei para onde vou, porque é o Senhor quem me conduz. "Ó Mestre, fazei que eu procure mais consolar, que ser consolado; compreender, que ser compreendido; amar, que ser amado" e o mundo será mais bonito por causa de mim. Amém.

3. **Oração final** (veja no final da novena)

2º DIA – QUANTAS VEZES DEVO PERDOAR O IRMÃO?

1. **Oração inicial** (veja no início da novena)

2. **A Sabedoria de Deus sussurra em meu coração**

"Então, se aproximou Pedro de Jesus e lhe perguntou: – 'Senhor, quantas vezes devo perdoar ao irmão que pecar contra mim? Até sete vezes?' Jesus lhe respondeu: – 'Não lhe digo até sete vezes, mas setenta e sete vezes'. – [Aí, Jesus exemplifica com a parábola do servo que devia muito ao rei e foi perdoado. Mas, depois, esse mesmo servo não quis perdoar um colega que lhe devia muito menos. Então, o rei voltou atrás e exigiu que o servo mau lhe pagasse toda a dívida. E como Jesus termina essa parábola?] – Irado, o senhor o entregou aos carrascos até que pagasse toda a dívida. Assim também fará com vocês meu Pai celeste, se cada um de vocês não perdoar seu irmão de todo o coração" (Mt 18,21-34).

Tempo de meditação

O que acontecerá comigo se eu não perdoar? O que o Senhor quer que eu faça?

(Feche os olhos e medite por certo tempo, procurando descobrir a vontade de Deus para você.)

Minha resposta

Senhor, eu sei que perdoar é recuperar o poder sobre minha vida, reencontrando novamente a plena saúde. Bom Mestre, eu sei que perdoar não é aprovar comportamentos negativos e impróprios; sei que perdoar não é fingir que está tudo bem. O que eu preciso é compreender as causas da agressão. É possível que quem me ofendeu carregasse problemas que eu desconheço; é possível que quem me causou tanta dor não tenha pensado nas consequências de sua atitude. Por isso, Senhor, derrame suas bênçãos a quem me feriu e que eu seja tão bom que possa até prestar meus auxílios naquilo que tal pessoa precisar. "Senhor, fazei-me instrumento de vossa paz. Onde houver ódio, que eu leve o amor; onde houver ofensa, que eu leve o perdão; onde houver discórdia, que eu leve a união". Amém.

 3. Oração final (veja no final da novena)

3º DIA – DE QUE MODO PERDOAR?

1. **Oração inicial** (veja no início da novena)

2. **A Sabedoria de Deus sussurra em meu coração**

"Ouviram que foi dito: Amarão seu próximo e odiarão seu inimigo. Pois eu lhes digo: Amem seus inimigos e orem pelos que os perseguem, para serem filhos de seu Pai que está nos céus. Porque Ele faz nascer o sol para bons e maus e chover sobre justos e injustos" (Mt 5,43-45).

Tempo de meditação

Por que amar até o inimigo? O que o Senhor quer que eu faça?

(Feche os olhos e medite por certo tempo, procurando descobrir a vontade de Deus para você.)

Minha resposta

"Senhor, fazei-me instrumento de vossa paz. Onde houver ódio, que eu leve o amor; onde houver ofensa, que eu leve o perdão; onde houver discórdia, que eu leve a união".

A Sabedoria sussurra de novo em meu coração

"Não paguem a ninguém o mal com o mal. Procurem o bem aos olhos de todos os homens. Se for possível e na medida em que depender de vocês, vivam em paz com todos os homens. Não se vinguem uns dos outros, caríssimos. [...] Pelo contrário, se seu inimigo tiver fome, dê-lhe de comer, se tiver sede, dê-lhe de beber. [...] Não se deixe vencer pelo mal, mas triunfe do mal com o bem" (Rm 12,17-19.21).

Tempo de meditação

O que o Senhor quer que eu faça para o meu inimigo?

(Feche os olhos e medite por certo tempo, procurando descobrir a vontade de Deus para você.)

Minha resposta

Senhor, que morreu perdoando os que o matavam, ensine-me o caminho do perdão para me libertar da mágoa! Só Ele pode me tornar livre, livre para amar. Eu tenho de jogar fora os meus ressentimentos, pois esse verme é péssima companhia! "Ó Mestre, fazei que eu procure mais consolar, que ser consolado; compreender, que ser compreendido; amar, que ser amado", e o mundo será mais bonito por causa de mim. Amém.

3. Oração final (veja no final da novena)

4º DIA – NÃO SÓ PERDOAR, MAS TAMBÉM AMAR O INIMIGO

1. Oração inicial (veja no início da novena)

2. A Sabedoria de Deus sussurra em meu coração

"Um dos fariseus, doutor da Lei, perguntou a Jesus, para o testar: "Mestre, qual é o maior mandamento da Lei?" Jesus lhe respondeu: "Amarás o Senhor teu Deus de todo o coração, com toda a alma e com toda a mente. Este é o maior e o primeiro mandamento. Mas o segundo é semelhante a este: Amarás o próximo como a ti mesmo" (Mt 22,35-39).

Tempo de meditação

Amar a todos é um simples bom conselho ou é uma ordem? O que o Senhor quer que eu faça?

(Feche os olhos e medite por certo tempo, procurando descobrir a vontade de Deus para você.)

Minha resposta

Ó Jesus, em quem foi criado o sol para iluminar bons e maus, quem sou eu para deixar fora de meu amor um só de seus servos? O Senhor não me pede somente que eu perdoe o meu inimigo, mas que também o ame. Jesus, eu só estarei em seu amor se aceitar o seu novo mandamento: "Que se amem uns aos outros. Assim como eu os amei, amem-se também uns aos outros". Abra, Senhor, o meu coração para que ele se encha de amor para bons e maus, para justos e injustos.

A Sabedoria sussurra de novo em meu coração

"Mesmo na raiva, não pequem. Não se ponha o sol sobre seu ressentimento. [...] Sejam antes bondosos uns para com os outros, compassivos, perdoando-se mutuamente, como Deus os perdoou em Cristo" (Ef 4, 26.32).

Tempo de meditação

Qual o resultado do perdão recíproco? O que o Senhor quer que eu faça?

(Feche os olhos e medite por certo tempo, procurando descobrir a vontade de Deus para você.)

Minha resposta

"Senhor, fazei-me instrumento de vossa paz. Onde houver ódio, que eu leve o amor; onde houver ofensa, que eu leve o perdão; onde houver discórdia, que eu leve a união".

3. Oração final (veja no final da novena)

5º DIA – HOJE EU VOU PERDOAR, UMA POR UMA, TODAS AS FALTAS COMETIDAS CONTRA MIM

1. Oração inicial (veja no início da novena)

2a. A Sabedoria de Deus sussurra em meu coração

"Se falar as línguas de homens e anjos, mas não tiver a caridade, sou como bronze que soa ou tímpano que retine. E se possuir o dom da profecia e conhecer todos os mistérios e toda a ciência e alcançar tanta fé que chegue a transportar montanhas, mas não tiver a caridade, nada sou. E se repartir toda a minha fortuna e entregar meu corpo ao fogo, mas não tiver a caridade, nada disso me aproveita" (1Cor 13,1-3).

Minha resposta

Quanta luz ao descobrir que o nosso Deus é amor! Como irá modificar o meu comportamento ao saber que minha religião só tem valor diante de Deus se eu amar até aqueles que me ofenderam! "Ó Mestre, fazei que eu procure mais consolar, que ser consolado; compreender, que ser compreendido; amar, que ser amado" e o mundo será mais bonito por causa de mim. Amém.

2b. Exercício prático de perdão a cada uma das faltas ou das ofensas de seus inimigos

(*Feche os olhos e visualize Jesus, junto com você e com cada uma das pessoas das quais você guarda mágoa. Veja como Jesus as ama. A seguir, implore de Jesus o dom de você perdoar a cada um desses ofensores. A seguir, dirija-se ao primeiro deles e perdoe falta por falta que ele fez contra você, dizendo-lhe: "Você me fez isso e me fez aquilo e eu perdoo você, por amor de Jesus". Depois, faça o mesmo com o 2º ofensor, depois com o 3º e assim por diante. Atenção: Não diga "Eu o perdoo de tudo o que fez contra mim". Procure perdoar, como percebeu, uma por uma, cada falta recordada.)*

Tempo de silêncio (alguns minutos), com os olhos fechados, fazendo esse superimportante exercício de perdão.

Depois de lavar a alma com esse exercício, louve e agradeça a Jesus a graça de ter perdoado, através do Salmo 150:

"Aleluia! Louvem a Deus em seu santuário, louvem-no no seu majestoso firmamento! Louvem-no por seus grandes feitos, louvem-no por sua imensa grandeza! [...] Tudo que respira louve ao Senhor! Aleluia!"

3. Oração final (veja no final da novena)

6º DIA – HOJE PEÇO PERDÃO PELAS FALTAS QUE COMETI, UMA POR UMA

1. Oração inicial (veja no início da novena)

19

2a. A Sabedoria de Deus sussurra em meu coração

"Assim, pois, eu (Paulo), preso por causa do Senhor, os exorto a andarem de uma maneira digna da vocação a que foram chamados, com toda a humildade e mansidão, com paciência, suportando-se uns aos outros com caridade" (Ef 4,1-2).

Tempo de meditação

Em que meu coração é diferente do coração de Cristo? O que o Senhor quer que eu faça?

(Feche os olhos e medite por certo tempo, procurando descobrir a vontade de Deus para você.)

Minha resposta

Senhor, para que haja essa paz, eu também tenho de ser humilde e pedir perdão aos que me ofenderam, pois eu também sou pecador. Por ser pecador, também eu tenho ofendido muita gente.

A Sabedoria me instrui através dos fatos

Exemplo: Pe. Alderígi pedindo perdão

Na década de 1950, Maria Barbosa Peçanha foi escolhida pelo grande santo brasileiro, o

Pe. Alderígi, para cuidar de uma capela do interior. Aí ela pôde notar como o cansaço do zeloso pastor o tornava nervoso e como sua santidade o levava a se penitenciar. Assim, um dia, ele lhe pediu para que ela colocasse os bancos do povo mais para perto do altar. Ela obedeceu e ele reclamou: "Por que os colocou tão perto? Assim não dá. Estorva". Aí, ela se queixou: "Não entendo o senhor. Se os coloco mais para trás, o senhor reclama; se os coloco mais para frente, reclama do mesmo jeito". Então, santamente, o simples e puro Pe. Alderígi se humilhou, pedindo-lhe perdão, segurando-lhe, carinhosamente, as duas mãos: "Me perdoe, filhinha boa! O padre velho está caduco. Ele não podia ter feito isso com a filha!"

Tempo de meditação

O que me dificulta ver meus próprios erros, cometidos contra o próximo? O que o Senhor quer que eu faça?

(Feche os olhos e medite por certo tempo, procurando descobrir a vontade de Deus para você.)

Minha resposta

Senhor, dê-me a humildade de agora eu pedir perdão às pessoas de quem eu sentia mágoa, e contra as quais eu também pequei! Amém.

2b. Exercício prático de perdão por todas as vezes que você ofendeu aquelas pessoas que o(a) magoaram

Fechando os olhos e se acalmando interiormente através de respirações calmas e profundas, visualize Jesus cercado de todas as pessoas das quais você sentia mágoa. Suplique a Jesus a humildade para você se aproximar de cada uma dessas pessoas, pedindo-lhes o perdão por também as ter ferido. Vá ao primeiro e lhe confesse ter cometido contra ele essa e aquela falta e peça-lhe perdão. Depois, faça o mesmo com o 2º, com o 3º e assim por diante.

Tempo de silêncio (alguns minutos), com os olhos fechados, fazendo o exercício de perdão.

Depois de fazer esse exercício, agradeça a Jesus a graça de ter pedido perdão, através do Sl 138:

"Graças lhe darei, de todo o coração; celebrá-lo-ei perante os deuses. Prostrado ante o santo templo, darei graças a seu nome por seu amor e sua fidelidade, pois suas promessas superam seu renome. Senhor, sua misericórdia é eterna: não abandone a obra de suas mãos!" (Sl 138,1-2.8).

3. Oração final (veja no final da novena)

7º DIA – HOJE EU E OS MEUS EX-INIMIGOS VAMOS PEDIR PERDÃO AO SENHOR

1. Oração inicial (veja no início da novena)

2. A Sabedoria de Deus sussurra em meu coração

"Foi Ele (o servo de Javé) que carregou as nossas enfermidades, e tomou sobre si as nossas dores. E nós o considerávamos como alguém fulminado, castigado por Deus e humilhado. Mas Ele foi traspassado por causa das nossas rebeldias, esmagado por causa de nossos crimes; caiu sobre Ele o castigo que nos salva, e suas feridas nos curaram" (Is 53,4-5).

Tempo de meditação

Se Jesus me amou tanto, por que não voltar-me a Ele, pedindo-lhe perdão? O que o Senhor quer que eu faça?

(Feche os olhos e medite por certo tempo, procurando descobrir a vontade de Deus para você.)

Minha resposta

Senhor, tudo de mal e tudo de bem que fizemos ao nosso irmão, foi ao Senhor que nós o fizemos. Ofendemos exatamente o Senhor que sofreu por causa de nossos pecados. Alguém me ofendeu. Eu ofendi alguém. Então, ao Senhor devemos pedir perdão. Tenha piedade de nós e seremos salvos!

(Fechando os olhos e se acalmando interiormente através de respirações calmas e profundas, visualize, ajoelhados diante de Jesus e implorando-lhe perdão, você e todas as pessoas das quais você sentia mágoa.)

Tempo de silêncio (alguns minutos), com os olhos fechados, fazendo o exercício indicado.

Depois de fazer esse exercício, agradeça a Jesus o perdão recebido, através do Sl 23:

"O Senhor é meu pastor: nada me falta. Em verdes pastagens me faz repousar; conduz-me até às fontes tranquilas e reanima minha vida; guia-me pelas sendas da justiça por causa de seu nome. Ainda que eu ande por um vale tenebroso, não temo mal algum, porque o Senhor está comigo; seu bordão e seu cajado me confortam. Sim, prosperidade e graça me seguem, todos os dias de minha vida; habitarei na casa do Senhor, por longos dias" (Sl 23,1-4.6). Amém.

3. Oração final (veja no final da novena)

**8º DIA — LOUVE AO SENHOR
POR TODAS AS BOAS QUALIDADES
QUE ADORNAM O CORAÇÃO DE SEUS
EX-INIMIGOS**

1. Oração inicial (veja no início da novena)

2a. A Sabedoria de Deus sussurra em meu coração

"Meus filhinhos, não amemos com palavras nem de boca, mas com obras e verdade" (1Jo 3,18).

Tempo de meditação

Será sincero o meu amor ao próximo, se eu só encontrar maldade em seu coração? O que é que o Senhor quer que eu faça?

(Feche os olhos e medite por certo tempo, procurando descobrir a vontade de Deus para você.)

2b. A Sabedoria de Deus me ensina através dos fatos

Descobrindo as boas qualidades do inimigo, as mágoas recuam:

Em 1954 houve um encontro de casais em Santa Rita de Caldas, MG, com a presença de mais ou menos 100 pessoas. Em certo momento, um dos participantes levantou-se e, em público, perguntou ao dirigente: "O que o senhor diz de uma esposa que todos os dias vai à igreja e chega em casa brigando com o marido?" Com isso, deu a entender, diante de todos, que tal pessoa era sua própria consorte, exatamente uma das líderes da paróquia, senhora muito piedosa e respeitabilíssima. A cara desta líder caiu no chão. Totalmente envergonhada.

No outro dia, a tal esposa humilhada em público, toda triste e amargurada, foi rezar na igreja e, por acaso, encontrou-se com o Pe. Alderígi, santo de total alegria, cujo processo de beatificação está bem adiantado. Ele, que entendera toda a humilhação por que ela tinha passado e o quanto estava ofendida, chamou-a e lhe disse: "Filha, não olhe os defeitos do marido, mas as coisas boas que ele tem! Ele deixa faltar alguma coisa em casa?... Viu? Assim, você vai vendo tudo de bom que ele tem e a mágoa sairá de seu coração".

A Sabedoria sussurra de novo em meu coração

"Recitem entre vocês salmos, hinos e cânticos espirituais. Cantem e salmodiem ao Senhor em seus corações. Deem sempre graças por todas as coisas a Deus Pai, em nome de Nosso Senhor Jesus Cristo" (Ef 5,19-20).

Tempo de meditação

Se é para dar graças por todas as coisas, tenho eu louvado o Senhor por tudo de bom que meu inimigo possui? O que o Senhor quer que eu faça?

(Feche os olhos e medite por certo tempo, procurando descobrir a vontade de Deus para você.)

Minha resposta

Senhor, possa eu agora descobrir tudo de bom que meus ex-inimigos possuem. Quero descobrir suas qualidades positivas, tanto em sua vida familiar como em sua vida profissional, como também suas qualidades humanas e espirituais. Quero descobrir tudo para mais amá-los e louvar ao Senhor que, com tantas coisas lindas, enfeita todos os seus filhos. Ilumine-me, Senhor, nesta tarefa tão positiva e tão importante! Ilumine-me!

Tempo de silêncio (alguns minutos), com os olhos fechados, fazendo a descoberta de tudo de bom que essas pessoas têm.

Depois de fazer esse exercício, louve e agradeça a Jesus pelas maravilhas que tais pessoas carregam, como presente do bom Pai do céu.

O Senhor faz o sol nascer para bons e maus, porque eterno é seu amor!

Ele faz cair a chuva sobre justos e injustos, porque eterno é seu amor!

Criou maravilhas que enfeitam o interior de meus ex-inimigos, porque eterno é seu amor!

Fez nossas mágoas desaparecerem como a névoa diante do sol, porque eterno é seu amor!

Fez a paz e a alegria voltar de novo aos nossos corações, porque eterno é seu amor!

3. Oração final (veja no final da novena)

9º DIA — CELEBRAÇÃO DA PAZ

1. Oração inicial (veja no início da novena)

2. A Sabedoria de Deus sussurra em meu coração

Uma vez que você teve a coragem de lançar fora todas as mágoas, o que irá acontecer? Veja a resposta em Is 11,6-7.9: "Então o lobo habitará com o cordeiro e o leopardo se deitará com o cabrito. O bezerro, o leãozinho e o animal cevado estarão juntos e um menino os conduzirá. A vaca e o urso pastarão; juntos se deitarão os seus filhotes e o leão comerá capim como o boi. [...] Não se fará mal nem destruição em todo o meu santo monte, porque o país estará repleto do conhecimento do Senhor, como as águas que enchem o mar".

Tempo de meditação

O que eu carrego de bom dentro de mim? Quais são os meus valores? Louvo a Deus por todas essas dádivas dadas por Ele? O que o Senhor quer que eu faça?

(Feche os olhos e medite por certo tempo, procurando descobrir a vontade de Deus para você.)

Minha resposta

Junto com Maria, canta o meu coração: "Minha alma engrandece o Senhor e rejubila meu espírito em Deus, meu Salvador, porque olhou para a humildade de sua(seu) serva(o). Eis que de agora em diante me chamarão feliz todas as gerações, porque o Poderoso fez por mim grandes coisas: O seu nome é santo" (Lc 1,46-49).

A Sabedoria sussurra de novo em meu coração

"Imediatamente juntou-se ao anjo uma multidão do exército celeste, que louvava a Deus, dizendo: 'Glória a Deus nas alturas e paz na terra aos homens por Ele amados' " (Lc 2,13- 14).

Minha resposta

Senhor, príncipe da paz, único que sabe dar a paz, diferente de como o mundo a dá, minha alma está repleta de anjos a cantar comigo glórias e hosanas. O mundo é mais bonito porque eu nasci para amar e perdoar. Com toda a corte celeste eu canto: "Digno é o Senhor, nosso Deus, de receber a glória, a honra e o poder, porque o Senhor criou todas as coisas e por sua vontade elas existem e foram criadas" (Ap 4,11). Comigo cantam os anjos: "Digno é o Cordeiro imolado de receber o poder e a riqueza, a sabedoria e a força, a honra, a glória e a bênção" (Ap 5,12). Universo inteiro, embriagado de nosso amor, aclame na maior harmonia possível: "Amém! Amém! Amém! Glória! Glória! Aleluia!"

 3. Oração final (veja no final da novena)